Libro para colorear
con unicornios

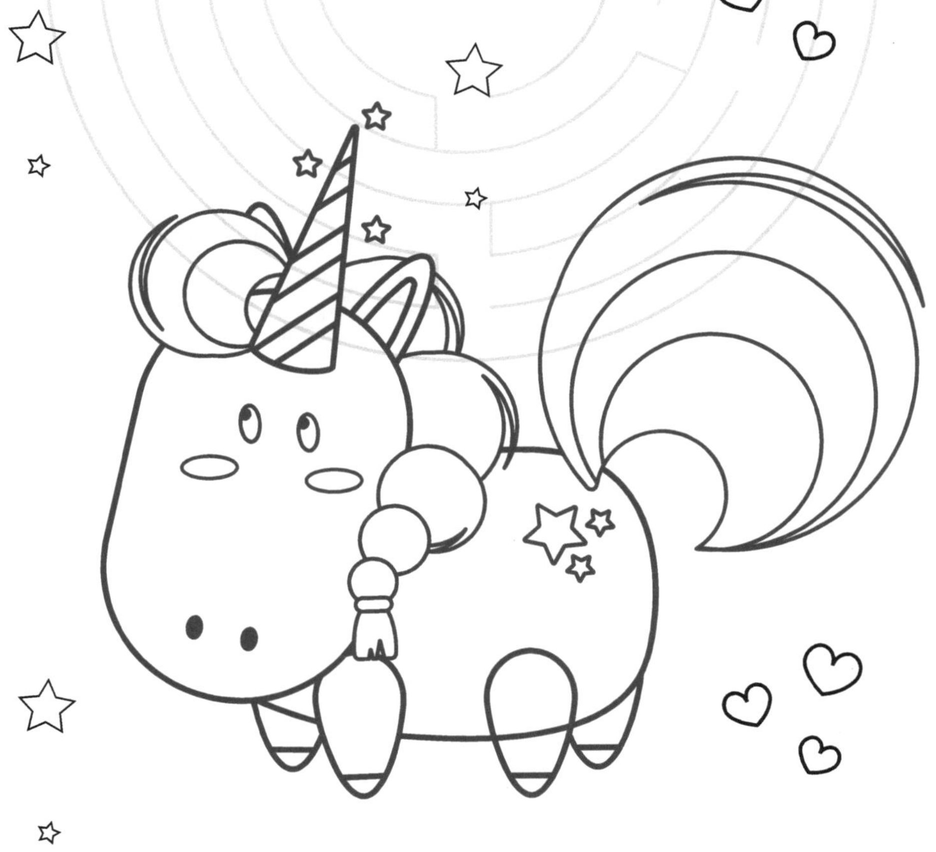

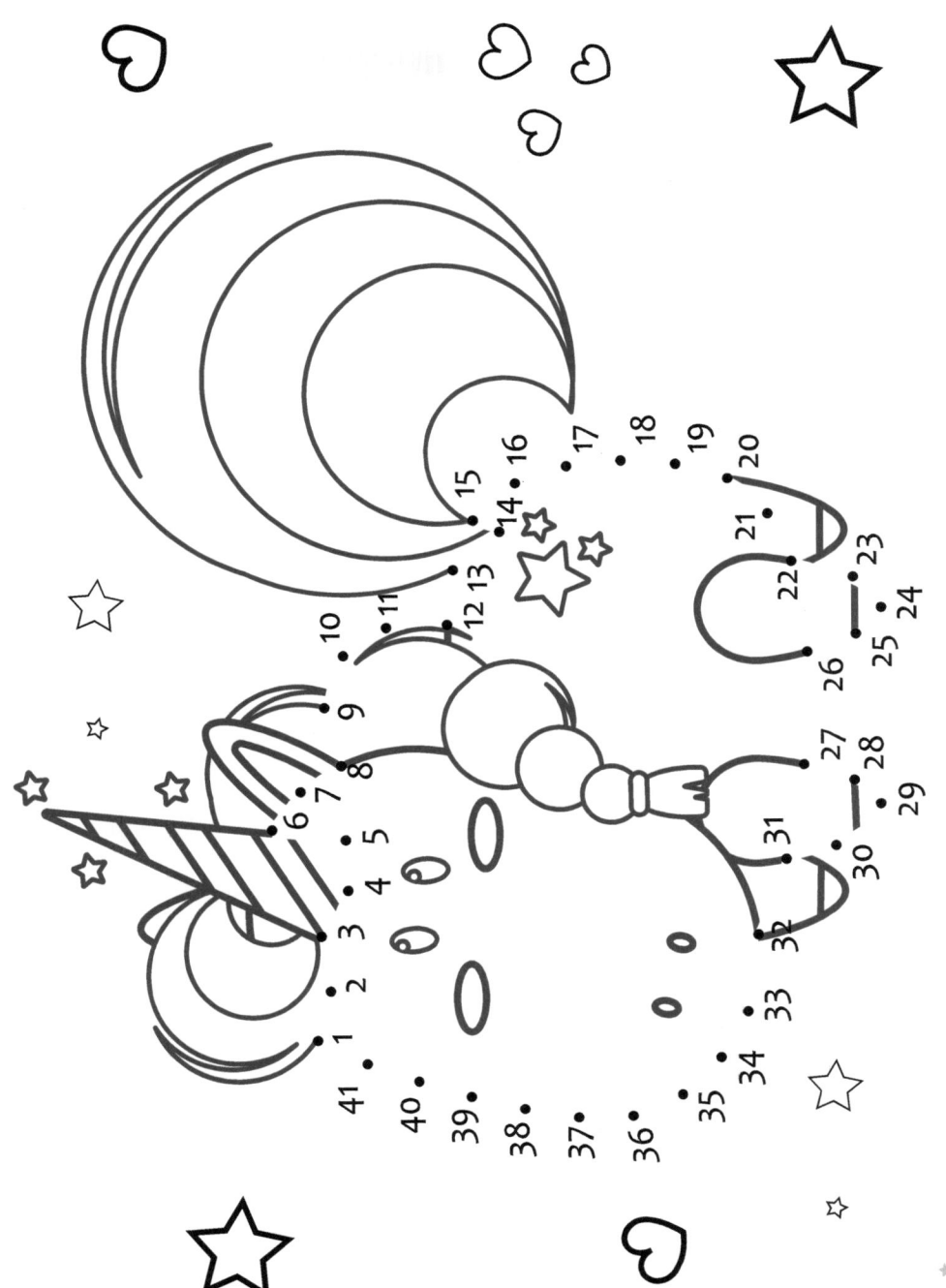

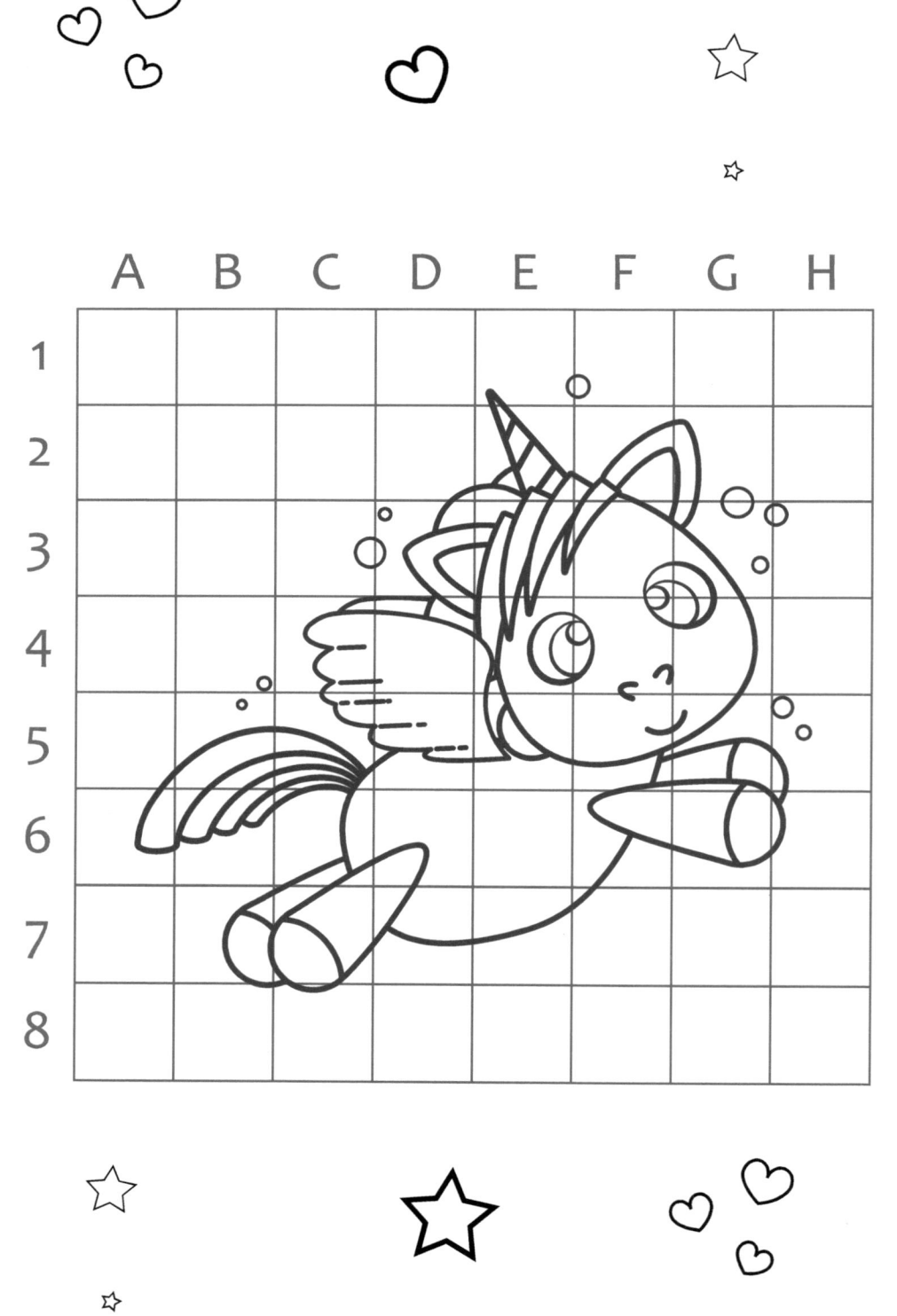

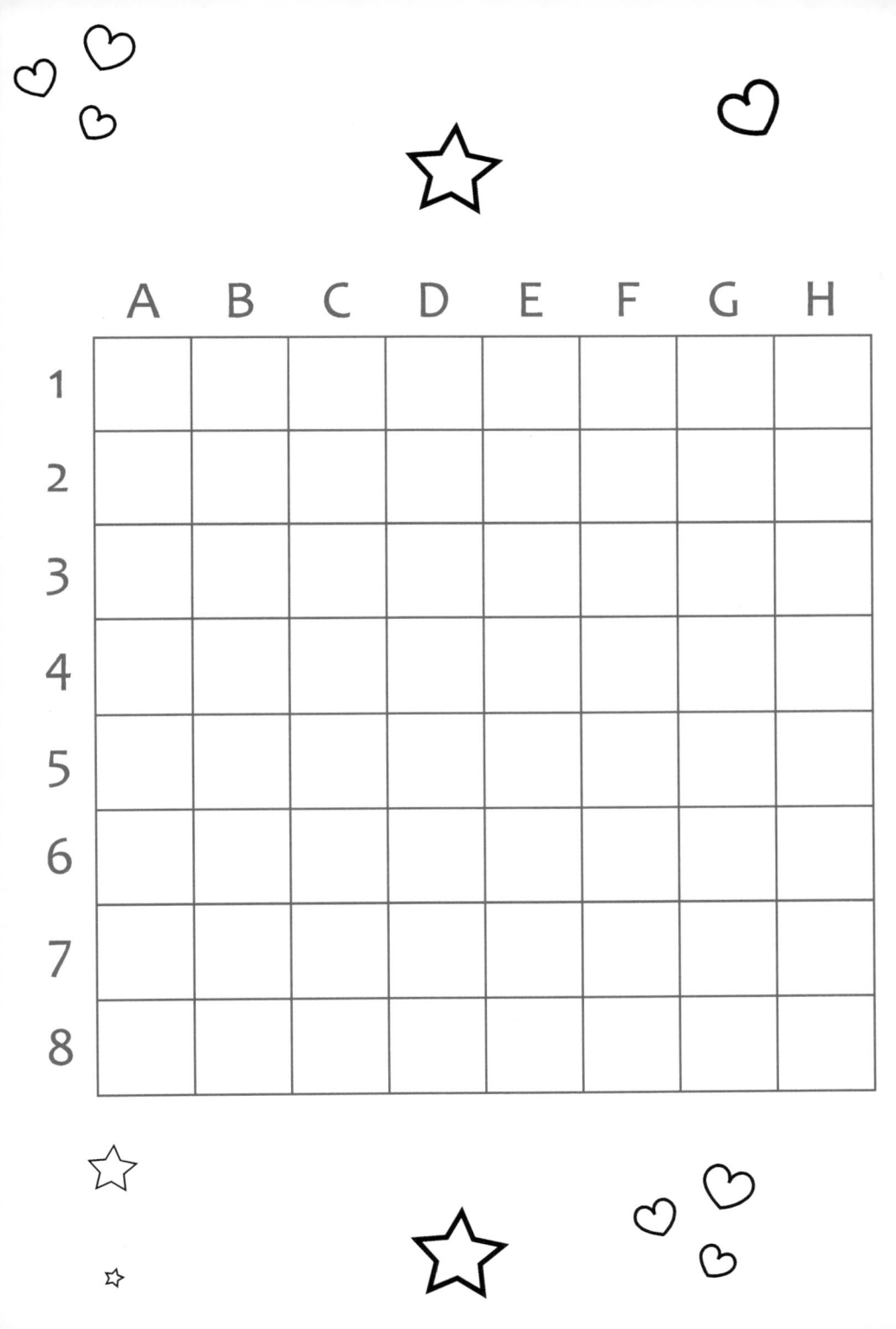

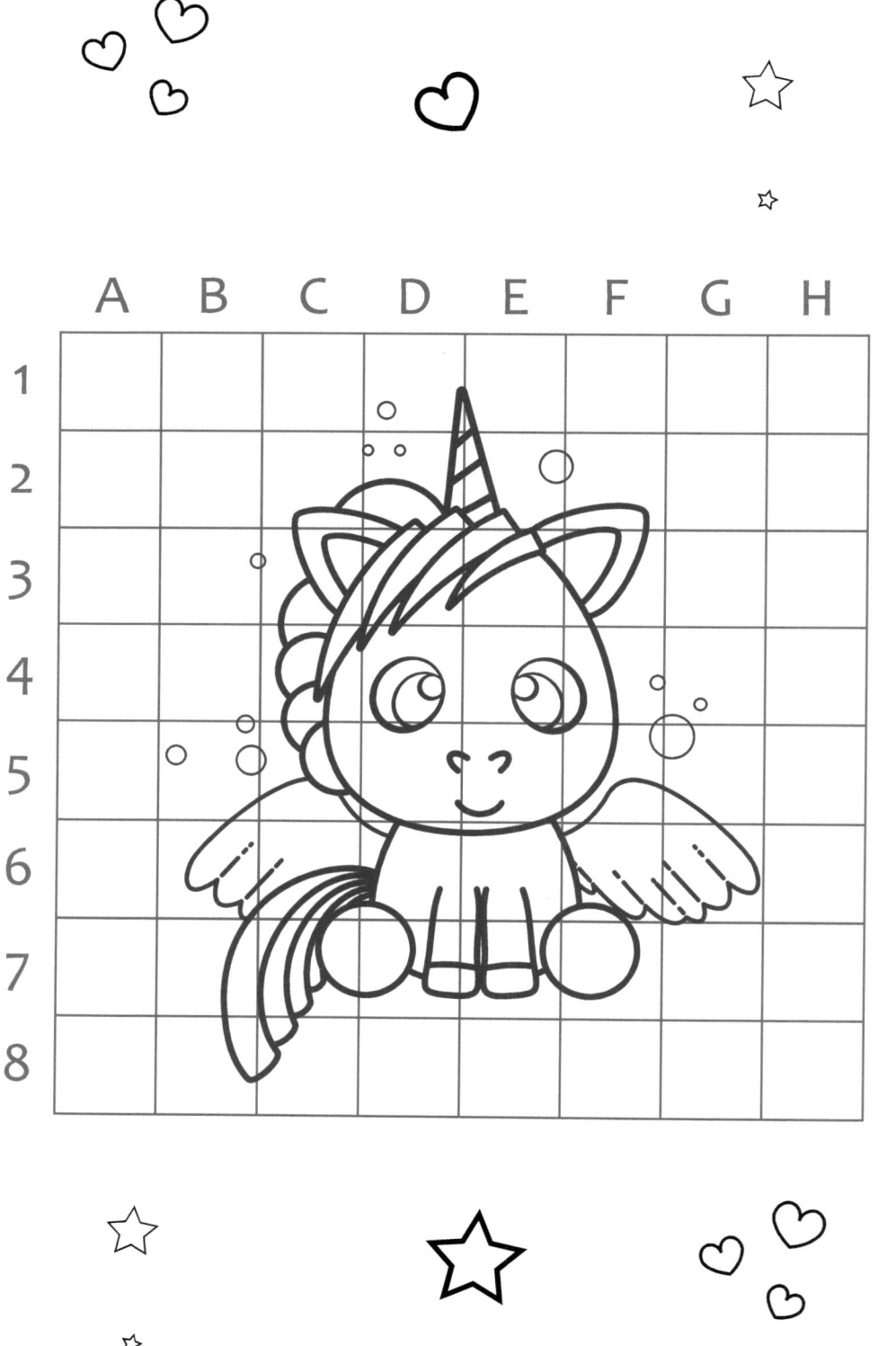

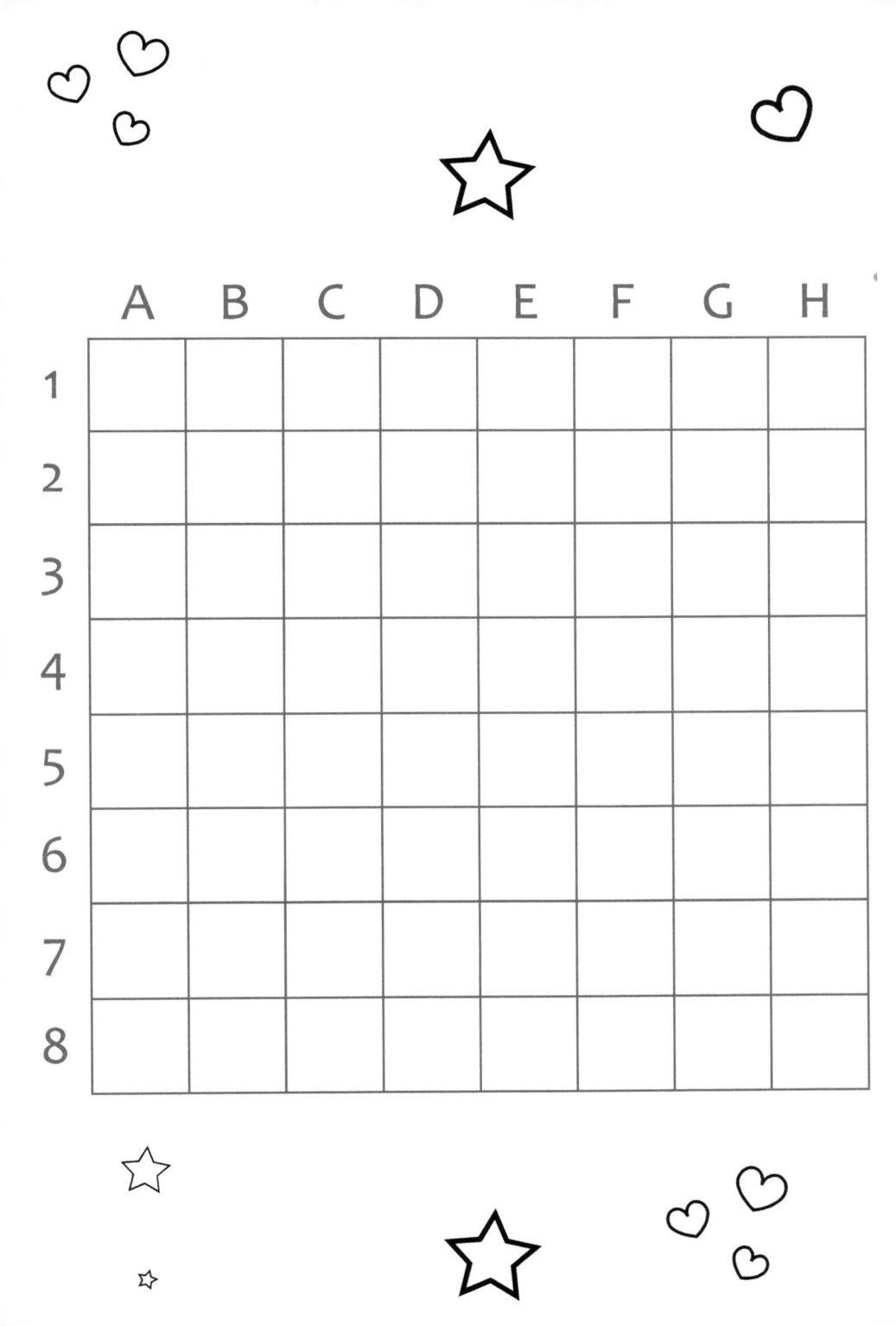

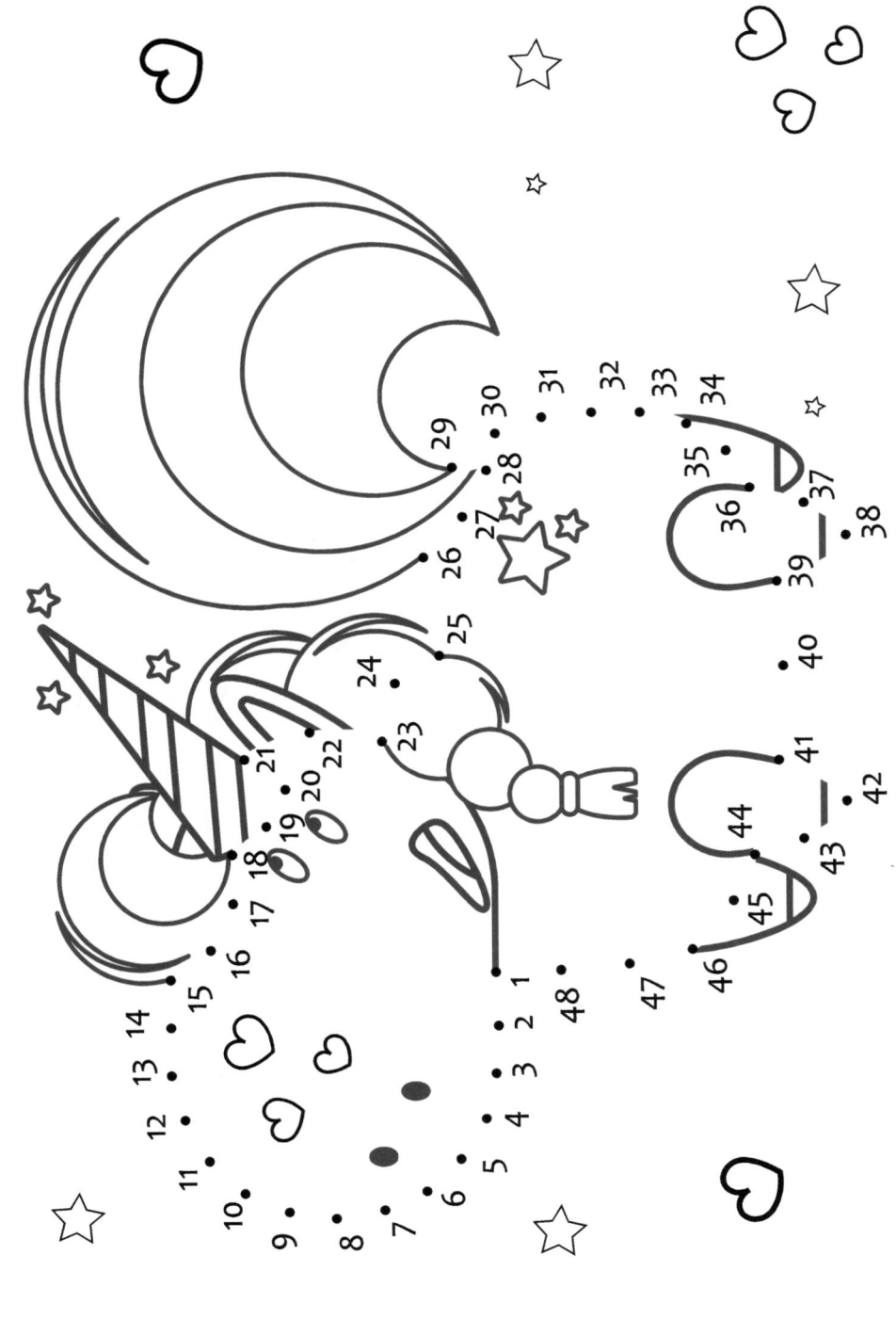

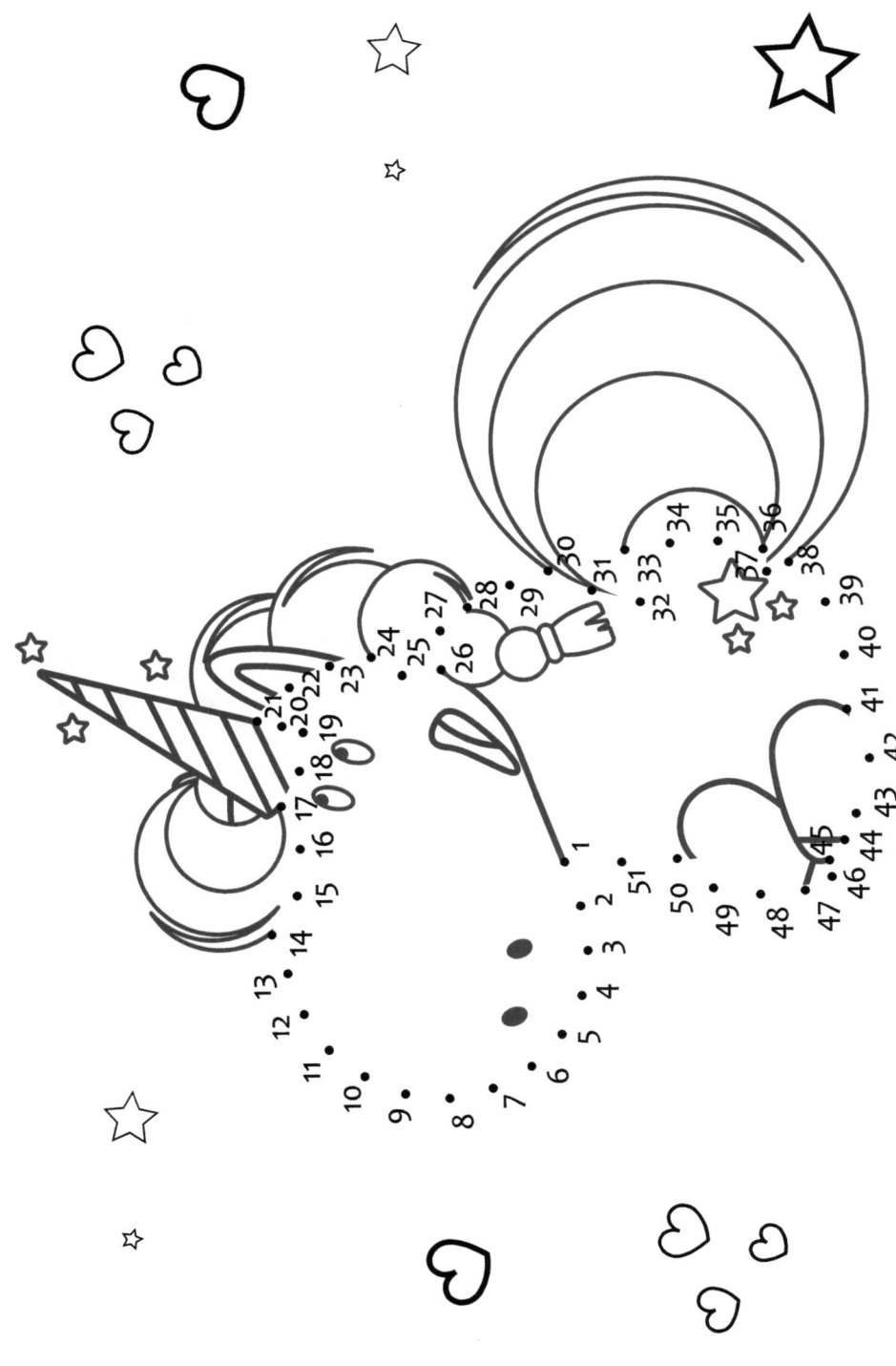

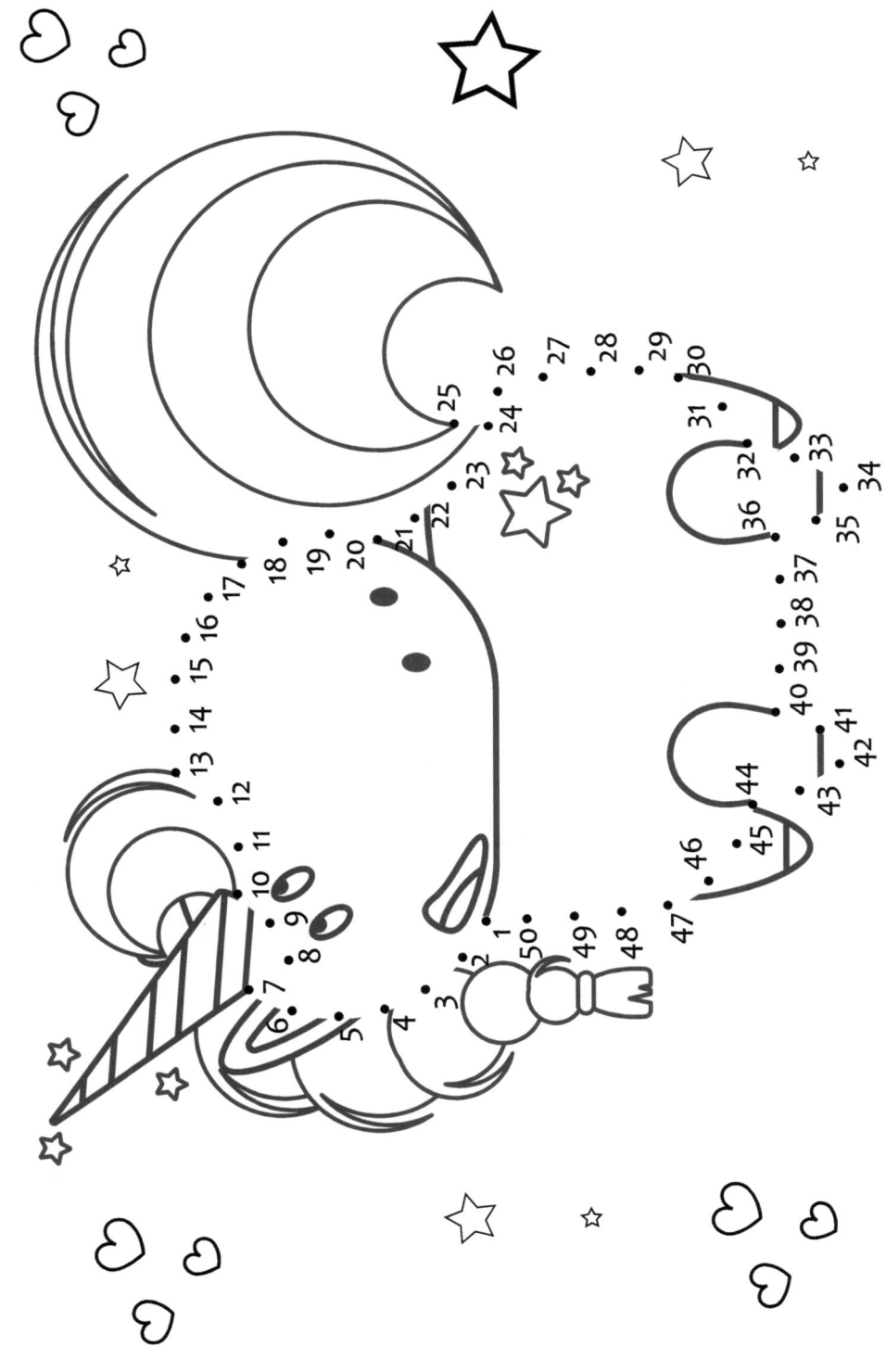

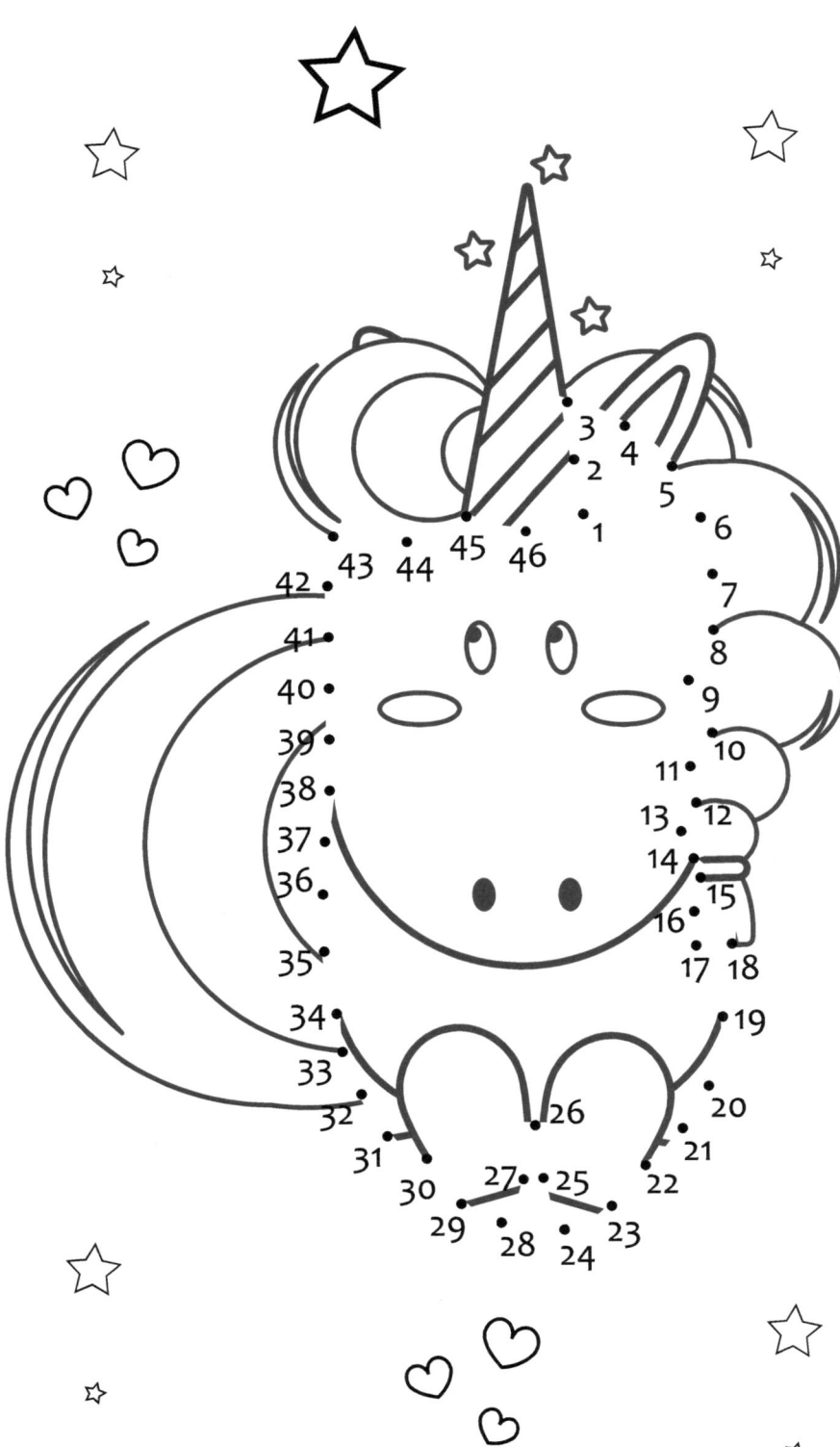

Impreso y editado por Books on Demand GmbH
info@bod.com.es - www.bod.com.es
Impreso en Alemania – Printed in Germany

ISBN: 978-8-4132-6048-8

Impressum

Feddback
feedback@mertens-publication.de

1. Auflage
2018 Mertens Verlagsgruppe
Mertens Ventures Ltd.
Tefkrou Anthia No 2 Office 301
6045 Larnaca
Zypern
E-Mail: kontakt@mertens-publication.de